CATALOGUE (N° 8)

D'une nombreuse réunion de

VIGNETTES

ANCIENNES ET MODERNES

POUR ILLUSTRATIONS

ESTAMPES ANCIENNES

LITHOGRAPHIES

VENTE

HOTEL DROUOT, SALLE N° 4

Le Jeudi 1er Juin 1882

A UNE HEURE ET DEMIE PRÉCISE

Me Maurice **DELESTRE**, Commissre-Priseur
rue Drouot, n° 27

M. VIGNÈRES	M. DUPONT aîné
MARCHAND D'ESTAMPES	MARCHAND D'ESTAMPES
rue de la Monnaie, n° 21	rue de Seine, n° 21

PARIS — 1882

Ve RENOU, MAULDE et COCK

IMPRIMEURS DE LA COMPAGNIE DES COMMISSAIRES-PRISEURS

Rue de Rivoli, 144.

CATALOGUE (N° 8)

D'une nombreuse réunion de

VIGNETTES

ANCIENNES ET MODERNES

POUR ILLUSTRATIONS

ESTAMPES ANCIENNES

Contes de La Fontaine — Portraits

LITHOGRAPHIES ET PHOTOGRAPHIES

DONT LA VENTE AURA LIEU

HOTEL DES COMMISSAIRES-PRISEURS

RUE DROUOT, 9, SALLE N° 4

AU PREMIER ÉTAGE

Le Jeudi 1er Juin 1882

A UNE HEURE ET DEMIE PRÉCISES

Par le ministère de Mᵉ **Maurice DELESTRE**, Commissaire-Priseur,
rue Drouot, 27,

Assisté de **M. VIGNÈRES**, Marchand d'Estampes,
rue de la Monnaie, 21, à l'entre-sol,

Et de **M. DUPONT aîné**, Marchand d'Estampes,
rue de Seine, 21,

PARIS — 1882

CONDITIONS DE LA VENTE

Elle sera faite au comptant.

Les Acquéreurs paieront CINQ POUR CENT en sus des enchères.

M. VIGNÈRES et M. DUPONT se chargent des Commissions des personnes qui ne pourraient assister à la vente.

L'ordre du Catalogue sera suivi.

[illegible] 3[illegible]

[illegible] 1

[illegible] 3[illegible]

DÉSIGNATION

VIGNETTES

ARIOSTE

1 — Suite des 46 figures de Verico, in-12, pour Roland furieux. — 27 figures de l'édition Knab, 1830, sur chine. Ensemble 73 pièces.

2 — 47 figures de la suite de Moreau, Eisen, Cochin, etc. In-8, dont 34 avant la lettre.

BÉRANGER

3 — 12 figures lithographiées de la suite de Numa, in-fol. Belles ép.

BERNARDIN DE SAINT-PIERRE

4 — Suite de 6 figures de Dutailly, en couleur, pour Paul et Virginie. — 2 autres pièces rondes en couleur. Ensemble 8 pièces, plus une série en chromolithographie.

5 — 4 figures de la même suite, en couleur, toutes marges.

6 — 15 figures des suites de Desenne et Gorboult avec et avant lettres. — 23 figures de l'édition Curmer — et 30 figures diverses. Ensemble 70 pièces.

BERNARDIN DE SAINT-PIERRE

7 — Suite de 103 figures de l'édition Dupont 1826, in-8 pour les œuvres, avant et avec la lettre; plusieurs sont en nombre.

8 — 350 lettres ornées, fleurons, etc., de l'édition Curmer. — 116 fleurons et vignettes des éditions Masson, Havard et Lebrun. Ensemble 466 pièces.

BERQUIN

9 — Le Livre de famille, suivi de la Bibliothèque de village, par Berquin. Paris, Didier, 1857; in-8, br. fig.

BITAUBÉ

10 — Suite des 8 figures de Monnet, in-8, avant la lettre, pour l'Histoire de Joseph, plus 2 avec les cadres. — 8 fig. de Burdet, toutes marges. Ensemble 18 pièces.

BOCCACE

11 — Suite de 43 figures avec et avant la lettre, de la suite de Gravelot, Boucher, etc. Édition de 1802.

BOILEAU

12 — Suite des 6 figures de B. Picart pour le Lutrin, in-4 — 5 figures de Chereau, in-4, et 7 fig. de Cochin, in-8. Ensemble 18 pièces.

13 — 5 figures de Moreau, pour le Lutrin, dont 2 avant la lettre.

14 — 24 figures de l'édition Blaise pour les Œuvres, plusieurs sont avant la lettre et à l'eau-forte pure.

[illegible] 2

[illegible] 5

[illegible] 2.50

[illegible] 2.50

Dech 1.50

Dech 2

Dech 1

Dech 2

BOSSUET

15 — 20 figures de Cochin et autres, pour les Oraisons funèbres et pour l'Histoire universelle.

BYRON (Lord)

16 — 21 fig. de Westall, dont 7 à l'eau-forte pure. — 20 figures d'Alf. et Tony Johannot, dont 16 avant la lettre. Ensemble 41 pièces.

CERVANTES

17 — 10 figures in-4, d'après Coypel, pour Don Quichotte. Belles ép. remargées.

18 — 16 figures de Saint-Aubin avant et avec la lettre, — 16 figures de Chasselat, — et 20 figures de suites espagnoles anciennes, in-18. Ensemble 52 pièces.

19 — 11 figures de Lefebvre, — 5 d'après Smirke, — 9 de Courtin, — 2 de Charlet, — 4 de Devéria et 5 de Choquet. Ensemble 36 pièces, la plupart avant la lettre et à l'état d'eaux-fortes.

20 — 49 figures des suites d'Horace Vernet, Devéria, Desenne et Choquet; in-8. Plusieurs sont avant la lettre, et quelques-unes en double.

21 — 12 figures de Desenne, avant et avec la lettre, pour les Pèlerins du Nord, — 35 figures diverses pour Télémaque. Ensemble 47 pièces.

CHATEAUBRIAND

22 — Suite des 3 figures de Devéria pour Atala, Réné et le dernier Abencérage, avant et avec la lettre. — Suite des quatre figures d'Alaux, avant et avec la lettre. — 3 figures de Blaisot, — et 34 figures de la suite de Staal et Philippoteaux. Ensemble 53 p.

CHATEAUBRIAND

23 — 55 figures de la suite de Johannot, dont 14 à l'état d'eaux-fortes, plusieurs sont en nombre.

24 — 67 figures d'après Horace Vernet, P. Delaroche, Raffet, etc., édition Pourrat, in-8. — 48 figures de Stahl. Ensemble 115 pièces.

25 — 10 figures d'après Celestin Nanteuil et autres pour les Études historiques. — 50 figures diverses, sur acier et sur bois. Ensemble 60 p.

COOPER

26 — 35 figures diverses d'après Johannot, etc. et 2 cartes.

CORNEILLE (P.)

27 — 7 figures de la suite de Moreau in-8, belles ép. 34 p. en nombre.

28 — 19 figures de Déveria, in-18 avant la lettre; quelques doubles.

CORNEILLE (Th.)

29 — Suite de 18 figures anciennes dont un portrait, in-18. — 10 figures de Moreau, Desenne, etc. pour Crébillon. — 2 figures de Borel pour la tragédie de Charles IX de M. J. Chénier. Ensemble 30 pièces.

COURIER (P.-L.)

30 — 5 figures pour Daphnis et Chloé dont deux d'après Gérard, avant la lettre, in-4. — 2 de Gravelot pour Térence avant la lettre et 6 autres. Ensemble 13 pièces.

Desch 2,50

Desch 4.

Desch 2,50

Desch 1,50

Desch 2

Desch 1

Desch 2

Desch 1,50

Dersch 1,50

Dersch 2

Dersch 1,50

[illegible] 2,[illegible]

[illegible] [illegible]

[illegible] 6

[illegible] 1

[illegible] 1

DELAVIGNE (Casimir)

31 — 28 figures de la suite de Johannot, in-8, dont 4 avant la lettre

DELILLE

32 — 14 figures d'après Girodet, Moreau, Desenne, Westall, etc., in-8 avant la lettre sur chine, dont 3 eaux-fortes. — 21 figures d'après Frilley, Sisco, Géraut, etc., in-12 avant la lettre. Ensemble 35 pièces.

33 — Suite des 16 figures de Desenne, gravées par Thompson, édition Michaud, 1824. Belles ép. sur chine volant.

34 — Réunion de 39 figures d'après Eisen, Monsiau, Girodet, Desenne, etc. pour illustrer les traductions de Virgile et du Paradis perdu; plusieurs sont avant lettres.

35 — Réunion de 100 figures diverses d'après Moreau, Eisen, Monsiau, Johannot, etc. pour les œuvres; plusieurs avant la lettre et à l'eau-forte pure.

DEMOUSTIER

36 — 80 figures diverses in-8 et in-12 pour les Lettres à Emilie. — Jeu de cartes avec sujets mythologiques, gravés par Della Bella, 58 figures in-12. Ensemble 138 pièces.

DIDEROT

37 — Suite des 4 figures de Le Barbier pour la Religieuse, avant la lettre.

38 — La même suite avant la lettre. — Suite des 2 figures in-12. Ensemble 6 pièces.

DIDEROT

39 — 5 figures de la suite de Le Barbier avant la lettre. — 1 figure in-12, — et 23 figures diverses pour les œuvres de Raynal et de Saint-Réal. Ensemble 29 pièces.

DUCIS

40 — 37 figures des suites de Desenne in-8 et in-12, la plus grande partie avant la lettre.

DUMAS (Alex.)

41 — Environ 235 figures pour ses œuvres, d'après Tony Johannot, Staal, Philippoteaux, etc., in-8.

FLORIAN

42 — Suite de 45 figures de Quéverdo, in-8, plusieurs doubles. — 6 figures de Marillier. — 1 de Desenne, — et 7 figures de Folkéma pour les Nouvelles de Cervantes. Ensemble 59 pièces.

GALLAND

43 — 18 figures de Courtin, avant la lettre, pour les Mille et une Nuits. — 47 figures anciennes in-12. — 34 dessins à la sépia et à la mine de plomb, — et 9 figures diverses. Ensemble 108 pièces.

44 — 254 figures sur bois pour les Mille et une Nuits, tirées des éditions Bourdin et Lahure.

GESSNER

45 — Suite des 48 figures de Moreau in-12, 7 figures sont avant la lettre; manquent les portraits de Huber et de Diderot.

46 — Suite de 30 figures et un portrait d'après Monnet, in-12; quelques doubles.

Each [illegible]

Each [illegible]

Each 6

Each [illegible]

Each [illegible]

Each 1.50

Barsch 1

Barsch 1

Barsch 6. Pare[illegible] 10

Barsch 2.5[illegible]

Barsch 1.50

GOLDSMITH

47 — Réunion de 160 figures sur bois pour le Vicaire de Wakefleld. — 216 figures sur bois, tirées de diverses éditions, pour Robinson Crusoé. Ensemble 376 pièces.

HAMILTON

48 — Suite des 4 figures de Moreau, 2 figures doubles sur papier de Chine et 3 avant la lettre. Ensemble 9 pièces, belles ép.

49 — Suite des 4 figures de Moreau. — 1 figure double avant la lettre. — Suite des 4 figures de Desenne, Eaux-fortes et avant la lettre sur chine. — 1 figure de Marillier et 1 portrait. Ensemble 13 pièces.

HISTOIRE

50 — 142 figures diverses d'après Marillier, Duplessis-Bertaux, Raffet, Johannot, etc. — 53 figures anciennes. Ensemble 195 pièces.

51 — Réunion de 323 figures sur bois pour l'Histoire ancienne, l'Histoire de France, l'Histoire de la Révolution, etc.

HOMÈRE

52 — Suite des 24 figures de B. Picart in-12. — 21 figures de la même suite, — et 18 figures diverses. Ensemble 63 pièces.

LABORDE

53 — 5 figures de Moreau et Le Barbier pour les Chansons, dont une avant la lettre. — 6 figures diverses Ensemble 11 pièces.

LAFAYETTE (Mme DE)

54 — Suite des 4 figures in-12, de Desenne, 10 suites à l'état d'eaux-fortes. — Figure pour Mme Cottin, Mme de Genlis, etc., avant et avec la lettre. Ensemble 58 pièces.

LA FONTAINE

55 — Suite de 18 figures de la troisième suite de Desenne pour les œuvres, in-12, dont 13 avant la lettre. — 28 figures sur bois de l'édition Sautelet, remargées. Ensemble 46 pièces.

56 — Suite de 24 figures de Coiny pour les Fables. — 8 figures de Duplessis-Bertaux pour les Contes. — Suite des 16 fig. de Perdoux pour les Fables. — 6 figures de la suite de Moreau. Ensemble 54 pièces.

57 — Fables. Suite de 259 figures, têtes et fins de pages de l'édition Fessard et Montessuy, réemmargées in-12.

58 — Suite de 150 vignettes et fins de pages de la même suite, remargées in-12.

59 — Fables. 53 figures fins de pages de l'édition Fessard et Montessuy. — 10 figures de l'édition Sautelet pour les Fables et les Contes. — 41 figures diverses. Ensemble 104 pièces, la plupart remargées.

60 — Suite des 12 figures de Bergeret pour les Fables, in-8 avant la lettre, plus 2 avant toutes lettres. Ensemble 14 pièces, toutes marges.

61 — Suite des 12 figures de Bergeret, avant la lettre.

62 — La même suite avec la lettre, toutes marges.

63 — Suite des 20 figures de Monnet et Texier, in-12, remargées. — 83 figures d'après Oudry, in-8 en largeur. Ensemble 103 p.

Scale 1:50

Länge 1.50

Dicke 2

LA FONTAINE

64 — Fables. Suite des 12 figures de Percier, in-8. Belles ép., toutes marges.

65 — Suite de 60 figures de Ransonnette pour les Fables, in-12, avant la lettre. — 40 figures de la même suite, eaux-fortes pures. Ensemble 100 pièces.

66 — 45 figures de la même suite, eaux-fortes pures.

67 — Suite des 60 figures in-12, de Ransonnette. Belles ép., toutes marges.

68 — Suite de 310 figures pour les Fables, in-12, à deux sur la feuille.

69 — Fables. Suite des 246 figures, têtes de pages de l'édition Coste. — 135 figures pour les Fabulistes. Ensemble 381 pièces, in-12.

70 — Réunion de 38 figures in-8 pour les Fables, d'après Moreau, Bergeret, Perdoux, etc. — et 215 figures sur bois de J. David, tirées de la 1re édition. Ensemble 253 pièces.

71 — Fables. Suite de 248 figures et fins de pages de J. David, édition A. Aubrée. Remargées in-8 et in-12.

72 — Réunion de 483 figures, vignettes, fleurons et fins de pages de la même édition, en partie remargées.

73 — Fables. 74 figures de la suite Lejeune. — Suite des 12 figures hors texte et un titre, de l'édition A. Aubrée, in-8. Ensemble 87 pièces.

74 — 170 figures de l'édition de Lecomte et Pougin, in-4, toutes marges.

75 — Fables. Suite des 11 figures de l'édition Jouaust, gravées à l'eau-forte par Flameng, Hédouin, La Guillermie et autres, in-8, toutes marges.

76 — Contes. 33 figures copies de la suite d'Eisen dite des Fermiers généraux. — 19 figures réductions de la même suite. Ensemble 52 pièces.

LA FONTAINE

77 — Suite de 82 figures, réductions in-18 des figures d'Eisen, toutes marges.

78 — La Fiancée du roi de Garbe, conte de La Fontaine, d'après Fragonard, in-4. Très belle ép. avant la lettre, grande marge.

79 — Suite de 11 figures de Fragonard pour les Contes, in-4. Belles épreuves.

80 — 40 figures des deux suites de Duplessis-Bertaux pour les Contes, in-12, en différents états.

81 — Réunion de 32 figures anciennes et modernes, pour les Contes, plusieurs sont avant la lettre.

82 — Contes. Suite des 72 figures de Desenne, Chasselat, etc. In-8, toutes marges.

83 — Suite de 31 figures hors texte de l'édition Bourdin. — 39 figures des deux suites de Desenne, pour les Contes, Psyché et le Théâtre, avant et avec la lettre. Ensemble 70 pièces.

84 — Suite de 4 figures lithogr. pour la Fiancée du roi de Garbe, in-4, toutes marges.

85 — Suite de 5 figures lithogr. par Devéria, pour les Contes, in-4.

86 — 30 photographies in-8 et in-12, pour les Contes, d'après Fragonard, Lancret, etc.

87 — Psyché. Les amours de Psyché et de Cupidon, avec 23 figures au trait d'après Raphaël, volume en feuilles. — Suite des 5 figures de Gérard, au trait, pour Psyché et Adonis, in-8. Ensemble 28 pièces.

88 — 30 figures diverses, anciennes et modernes, pour Psyché et Adonis.

89 — Réunion de 17 portraits de Lafontaine, dont un par Alix, en couleur.

[illegible] 3.

[illegible] 2

[illegible] 3

[illegible] 3.50

[illegible] 2.50

[illegible] 1.50

Dosch 2.50

Dosch 2

Dosch 1

Dosch 2

Dosch 2.50

Dosch 2.50

Dosch 3.50

Dosch 1.50

Dosch 3

LESAGE

90 — 4 Suites anciennes de 24 figures espagnoles pour Gil Blas, in-12, belles ép.

91 — 34 figures d'après Desenne, Smirke, etc., pour Gil Blas, in-8, avant et avec lettre et eaux-fortes pures; plusieurs doubles.

LUCAIN

92 — 6 figures de Gravelot et 13 de Perrin, pour la Pharsale, in-8. Ensemble 19 pièces.

MARMONTEL

93 — 20 figures de Gravelot pour les Contes moraux. — Suite des 4 figures de Desenne, in-12, pour Bélisaire, eaux-fortes pures. — et 14 figures diverses. Ensemble 38 pièces.

94 — Figures de Gravelot pour les Contes moraux. — Plusieurs suites des 4 figures de Desenne, in-12, pour Bélisaire, à l'eau-forte — et figures diverses. Ensemble 88 pièces.

MILTON

95 — Suite de 22 figures de Richter et un portrait, pour le Paradis perdu, in-4. Belles ép. toutes marges; manquent 3 figures pour que la suite soit complète.

96 — Réunion de 7 portraits et 35 figures diverses, d'après Corboult, Westall, A. Durer, Richter, etc.

MOLIÈRE

97 — 30 figures de Fessard d'après Boucher, in-12; quelques doubles.

98 — 60 figures des suites de Punt, Fessard et Legrand, d'après Boucher, in-12 ; bonnes ép.

MOLIÈRE

99 — 50 figures de différentes suites anciennes, in-12. Bonnes ép.

100 — Suite des 33 figures de Moreau, première suite, et 3 portraits, tirage de L. Willem ; exemplaire en bistre.

101 — 1 figure de la première suite de Moreau et 4 de seconde suite, dont une avant la lettre. Ensemble 5 pièces.

102 — 13 figures de Chasselat, in-8, dont une avant la lettre. — Et 12 figures de Bugnet. Ensemble 25 pièces.

103 — 27 figures d'après Horace Vernet, Hersent, etc., in-8, en différents états, dont 3 avant la lettre.

104 — 39 figures de la suite de Desenne, in-8, de différents tirages.

105 — Réunion de portraits et figures diverses, d'après Moreau, Devéria, Desenne, Chasselat, etc. 48 pièces dont plusieurs avant la lettre.

MONTESQUIEU

106 — Suite des 10 figures de Regnault, in-12, pour le Temple de Gnide, et une figure pour Arsace. Belles ép. toutes marges.

107 — Figures d'après Régnault pour le Temple de Gnide, in-12. — Figures de la suite de Moreau et Chaudet, in-8, avant la lettre. Ensemble 44 pièces dont plusieurs doubles.

108 — 15 figures d'après Moreau, Chaudet et Peyron, in-8, avant la lettre et un portrait. — 1 figure d'Eisen, avant la lettre, pour le Temple de Gnide. — Et 7 figures d'Eisen et Monnet. Ensemble 23 pièces.

Durch. 2.50

Durch. 3.60

Durch 1.50

Durch 3.50

Durch. 1.50

Durch. 2.30

Durch 2

Desch 3 .50

Desch. 5 . 50

Desch 3

Desch 2

Desch 5

Desch 1 . 50

Desch. 2 . 50

Desch 1 . 50

Desch 3

Desch 2

Desch 3

OVIDE

109 — Suite de 100 figures de W. Baur pour les Métamorphoses, in-4.

110 — Suite des 224 figures de Séb. Leclerc et Chauveau, in-12. Très belles ép.

111 — 114 figures in-8 et in-12 des suites de Duryer, B. Picart et autres.

112 — 47 figures des suites de Couché et Coiny, Séb. Leclerc, J. Isaac et Savery, in-8 et in-4.

113 — Suite des 135 figures de Briot, Matheus, etc., provenant d'un exemplaire de l'édition de 1651, in-fol.

PALISSOT

114 — 1 figure de Monnet et 3 de Méon, in-8. — 14 figures de Monnet pour le comte de Valmont. — Suite des 6 figures de Moreau, in-8, plus 5 figures de la même suite avant la lettre. Ensemble 29 pièces.

RABELAIS

115 — 24 figures diverses pour ses œuvres, dont 2 à l'état d'eaux-fortes.

RACINE

116 — 18 figures de la suite de Le Barbier, in-8, dont 4 avant la lettre.

117 — 42 figures diverses d'après Gravelot, Moreau, Le Barbier, Périn, etc., plusieurs avant la lettre.

118 — 36 figures des suites de Gravelot et Le Barbier, in-8, avant et avec la lettre ; plusieurs en nombre.

119 — 59 figures de différentes suites d'après Prudhon, Girodet, Gérard, etc., avant et avec la lettre et à l'eau-forte pure ; plusieurs doubles.

RACINE (Louis)

120 — Suite d'un portrait et 3 figures, in-12, de Duvivier, pour le poéme de la Religion, 16 exemplaires à l'eau-forte pure. Plus 5 figures séparées.

RÉTIF DE LA BRETONNE

121 — 18 figures pour la Paysanne pervertie. — 9 figures pour les Contes de la Reine de Navarre, plusieurs à l'eau-forte. — 30 figures diverses pour les Saisons, etc., dont 1 avant la lettre et 2 eaux-fortes de Le Barbier, — Ensemble 57 pièces.

RICHARDSON

122 — 40 figures des suites d'Eisen et Pasquier, pour Clarisse Harlowe, copies de Duflos et réductions in-12.

ROUSSEAU (J.-J.)

123 — Suite des 90 figures de Marillier, Moreau, Le Barbier, etc., de l'édition Poinçot, in-8. — Très belles ép. grandes marges.

124 — 40 figures de la même suite et un portrait. — Très belles ép.

125 — Suite de 24 figures de Marillier in-18, belles ép. toutes marges; plus 2 figures de la même suite avant la lettre.

126 — 17 figures de Gravelot pour la Nouvelle Héloïse. plusieurs doubles. — Suite des 6 figures de Cochin et Eisen pour Emile, et 7 figures doubles. Ensemble 30 pièces.

127 — 27 figures de Cochin in-8 et in-4 pour Emile, l'Economie politique, etc.; très belles épreuves; 2 sont avant la lettre et 1 à l'état d'eau-forte.

Each 3

Each. 6

Each 2.50

Each 1.50

Each 2

Each 2

Deich 1

Deich 3.50

Deich 1.5

Deich 2.50

Deich 2

Deich 2.50

ROUSSEAU (J.-J.)

128 — 5 figures de Moreau pour Pygmalion, in-12 rog., dont une hors texte.

129 — Suite de 21 figures de Desenne in-8, dont une eau-forte pure et 9 avant la lettre.

130 — Suite de 80 figures d'après Devéria in-8, dont 47 eaux-fortes, 14 avant la lettre et 19 avec lettre; plusieurs doubles.

131 — 18 figures de la suite de Devéria, Roqueplan, etc., avant et avec la lettre.

132 — 5 figures de la même suite. 48 ép. avant la lettre et d'artiste, en nombre.

SAINTE BIBLE

133 — Réunion de 107 figures diverses d'après Marillier, Horace Vernet, Raffet, Devéria, etc.; plusieurs avant la lettre.

134 — 210 figures anciennes et modernes, sujets religieux. — 168 figures au trait du musée Landon. — Ensemble 378 pièces.

SHAKESPEARE

135 — 26 figures de la suite de Stothard et Westall in-4. — 30 portraits et figures diverses. — Ensemble 56 pièces.

SCRIBE

136 — 59 figures de la suite de Johannot, plusieurs sur chine, — et 9 figures diverses, dont un portrait.

TASSE (Le)

137 — Suite des 40 figures et un frontispice de Cochin, in-4, pour la Jérusalem délivrée, avec la légende italienne (Manque la planche 2 du chant 17).

TASSE (Le)

138 — Suite des 4 figures de Myris, gravées par Delvaux et Saint-Aubin, pour les Veillées du Tasse, 3 sont avant la lettre et 2 avec lettre, — Suite des 4 figures de Ducis pour la Vie du Tasse, avant la lettre et 2 eaux-fortes. — Ensemble 11 pièces.

139 — Suite de 18 figures dont un portrait, pour la Jérusalem délivrée, par Jules Adam, in-8, avant la lettre, toutes marges.

140 — 78 figures diverses pour la Jérusalem délivrée et l'Aminte; plusieurs avant la lettre. Quelques figures sont doubles.

VIRGILE

141 — 14 figures in-8 d'après Gérard, avant et avec la lettre. — 25 figures diverses dont un dessin au carmin in-4. — Ensemble 39 pièces.

VOLTAIRE

142 — Œuvres. 54 figures de la seconde suite de Moreau in-8; bonnes ép.

143 — 34 figures de la même suite pour la Henriade, les Romans et Contes, etc. Bonnes ép.

144 — Œuvres. 37 figures de Desenne avant la lettre, in-8, toutes marges.

145 — 59 figures de la même suite avec la lettre; belles épreuves.

146 — 32 figures de la suite de Devéria, Chasselat, etc., avant et avec la lettre et eaux-fortes.

147 — La Henriade. 5 figures d'Eisen in-8, dont 2 avant la lettre, — et 7 têtes de pages tirées hors texte, édition de 1767. — Ensemble 12 pièces.

…sch. 3.50

…sch 3.50

…sch 2.50

…sch. 2

…sch 2

…sch 2.50

…sch 1.50

…sch 1.

Derch 1.50

Derch 1

Derch 1

Paren 5

Derch 1.50

Derch 3

VOLTAIRE

148 — Suite des 10 figures in-4, de Moreau, pour la Henriade; belles épreuves toutes marges.

149 — Théâtre. Suite des 16 figures d'Eisen in-12, belles ép. toutes marges.

150 — La même suite; belles ép.

151 — Suite de 18 figures imitées de Gravelot pour la Henriade et le Théâtre, in-12, bonnes ép.

152 — 32 figures de Gravelot, in-12, pour le Théâtre et la Pucelle. — 10 figures réductions des précédentes. Ensemble 42 pièces.

153 — Romans et Contes. 18 figures de Marillier et Monnet, in-8, bonnes ép.

154 — 10 figures de la première suite de Moreau in-8, dont 3 avant la lettre.

155 — Romans et Contes. 22 figures de la suite de Devéria, Choquet, etc., in-8, dont 4 eaux fortes et 7 avant la lettre.

156 — Romans de Voltaire, édition illustrée de 110 gravures. Paris. Garnier, 1867. — Candide, édition G. Havard, illustrations de Bertall. — Zadig ou la Destinée, illustrations par Beaucé, édition Havard. Ensemble 3 br. in-4.

WALTER SCOTT

157 — 30 vignettes d'Alf. et Tony Johannot de l'édition Gosselin, ép. d'artiste sur chine, grand papier; plusieurs doubles.

158 — 60 figures de la suite de Desenne, Johannot, E. Lami, sur chine grand papier, dont 45 à l'état d'eaux fortes.

159 — Suite des 32 figures d'Alfred et Tony Johannot, in-8, édition Furne, belles ép., — et 33 cartes pour ses œuvres. Ensemble 65 pièces.

WALTER SCOTT

160 — 21 figures anglaises de Westall, Cooper, Cruikshank, etc., in-8, — et 8 figures pour le Monastère ; belles ép.

161 — Suite des 35 figures de Cruickshank, in-8, belles ép. Rare.

162 — 87 figures anglaises de l'édition Fisher, gravées par Turner. Davis, Harvey et autres, in-8, belles ép.

163 — Suite des 32 figures de Johannot. in-8, édition Furne : belles ép.

164 — 26 vignettes de la suite d'Alf. et Tony Johannot, édition Gosselin, ép. d'artiste, sur chine, grand papier ; plusieurs doubles,

165 — Réunion de 79 figures diverses et frontispices, avant et avec la lettre et eaux-fortes pures.

166 — 38 figures de la suite de Desenne, Johannot, Eug. Lami, in-12, — 9 figures de la même suite, eaux-fortes pures, grand papier. — Ensemble 47 pièces.

167 — 24 figures de la suite de Johannot, in-8, édition Furne ; belles ép. grand papier.

168 — 78 vignettes frontispices d'Alfred et Tony Johannot. — 80 figures de Johannot, Desenne et Eugène Lami, in-12, édition Gosselin et Sautelet. Ensemble 158 pièces ; belles ép. toutes marges.

169 — Vues pittoresques de l'Ecosse, dessinées d'après nature par Pernot, lithographiées par Bonington, David, Francia, etc., avec texte explicatif, extrait en grande partie des ouvrages de Walter Scott. Paris, Gosselin et Lami-Denozan, 1826, 1 vol. grand in-4, demi-rel.

VIGNETTES DIVERSES

170 — 96 figures d'après Moreau, Marillier, Saint-Aubin, etc., pour les œuvres d'Hamilton, Cazotte, Malfilatre et autres ; plusieurs avant la lettre.

1

2

2.50

3.50

sch 3.50

Desch 2.50

Desch 1.50

Desch 1

Desch, 3.50 Parens 5

Desch 5.50

Desch 3

Desch 7

Desch, 7.50 Parens 5

Desch 9

VIGNETTES DIVERSES

171 — Figures de Moreau pour le comte de Valmont. — Figures de Monnet pour Joseph, de Bitaubé. — Figures de Gravelot pour Tom Jones, etc. — Ensemble 90 pièces dont plusieurs avant la lettre; quelques doubles.

172 — 34 figures de Marillier et autres pour les œuvres de Florian et Berquin. — 18 figures pour Legouvé. Ensemble 52 pièces.

173 — Suite de 26 figures au trait, in-8, pour l'Ane d'or d'Apulée. — 16 figures de la suite de Colin pour le Voyage d'Anacharsis, dont 3 à l'eau-forte. — Ensemble 42 pièces.

174 — 20 figures diverses avant et avec lettre, pour les œuvres de Berchoux, Campenon, Fiévée et de Tressan.

175 — Réunion de 127 figures anciennes et modernes pour Goethe, Schiller, Alfieri, Louvet, Pope, etc.: plusieurs avant lettre.

176 — 164 figures pour P. et Th. Corneille, Regnard, Destouches, Ducis, Andrieux, etc., avant et avec lettre; plusieurs en nombre.

177 — 21 figures diverses par Raffet, Gavarni, Johannot. — 56 figures de Linton, Swain, etc., pour des ouvrages modernes, avant la lettre sur chine. — Ensemble 77 pièces.

178 — 80 figures pour des ouvrages du xviiie siècle. — 132 figures modernes. — Ensemble 212 pièces; beaucoup sont avant la lettre et à l'eau-forte pure.

179 — 230 figures diverses des xviie et xviiie siècles.

180 — 325 figures diverses des xviiie et xixe siècles, dont plusieurs avant lettre et eaux-fortes pures.

VIGNETTES DIVERSES

181 — 49 figures sur cuivre et sur bois pour les Mystères de Paris et Mathilde, par Staal, Daubigny, Johannot, Gavarni, etc. — 82 figures sur bois pour les œuvres d'Alexandre Dumas. — 445 figures diverses, in-12 et in-18. Ensemble 576 pièces.

182 — Un lot d'environ 700 figures diverses, la plupart en nombre, pour Apulée, Anacréon, Barthélemy, C. Delavigne, Contes de la reine de Navarre, Lafontaine, Lucain, Shakespeare, Walter Scott, etc.; plusieurs eaux-fortes et avant lettre.

183 — 5 figures de romances de Murger et Désaugiers. — Cahiers de musique imprimée et manuscrite.

184 — Si jeunesse savait, par Frédéric Soulié. Paris, Michel Lévy, 1863, 2 vol. br. -- Plus 30 figures sur bois.

185 — Album de 12 vues de Venise, lithog. — La Parodie, journal illustré par Gill et Coinchon. — Le Boulevard, collection de portraits et scènes comiques. — 94 n^{os} de la Semaine des enfants. Ensemble 4 br. in-4 ; plus un lot de catalogues de livres d'étrennes illustrés.

ESTAMPES

186 **Berghem**. Etudes de moutons, bœufs, chèvres, 42 pièces, belles ép.

187 **Berghem** et **Huet**. Etudes d'animaux et paysages avec figures. 30 pièces anciennes et belles ép.

[illegible] 11

[illegible] 2.10

Chamonix 12
[illegible]

Chanoine 7

Chanoine 7

Chanoine 15

Chanoine 15 Berard 10
Sale

Chanoine 15

Chanoine 15
Sale

Chanoine 15

Chanoine 20 Deligniere 10
Mauvais

Chanoine 25
Sales

188 **Boucher**. Laveuse, tête d'étude, etc., par Bonnet, Demarteau et autres. 8 pièces dont cinq à la sanguine.

189 **Callot** (par et d'après). La Passion, les Apôtres, la Noblesse, les Balli, etc. 62 pièces.

190 **Caresme**. Le Satyre impatient, par Anselin. Belle ép.

191 ***Contes de La Fontaine***. Le Faucon, d'après Huet, gravé par Bonnet. Très belle ép. en couleur.

192 — La Servante justifiée, par le même. Très belle ép. en couleur.

193 — Le Calendrier des vieillards, par de Larmessin, d'après Boucher. Belle ép.

194 — Le fleuve Scamandre, par le même. Très belle ép.

195 — La même estampe. Belle ép.

196 — On ne s'avise jamais de tout, par de Larmessin, d'après Lancret. Belle ép.

197 — Le petit Chien qui secoue de l'argent et des pierreries, par le même. Ep. fatig.

198 — Les Aveux indiscrets, d'ap. Paterre. Belle ép.

199 — Le Glouton, d'après le même. Belle ép.

200 — Frère Luce, par de Larmessin, d'après Vleughels. Belle ép.

201 — L'Amour réfugié dans la maison d'Anacréon, d'ap. Coypel. — La Servante justifiée, rogn. 2 pièces.

202 — Frère Luce, par de Larmessin. — La Matrone d'Ephèse. — Le Savetier, par Fillœul. — Le Bât, d'ap. Shall et autre. 5 pièces.

203 — Le Savetier, par Fillœul, d'ap. Paterre. — Le Baiser rendu, par le même. 2 pièces.

204 — Le Bât. — Le Cuvier. — Le Gascon puni. — La Servante justifiée. 4 pièces d'ap. Shall.

205 **Debucourt.** Les premiers pas de Paul et Virginie, etc. 4 pièces.

206 **Demarteau.** Le Lion malade, fable de Lafontaine, d'ap. Huet. Belle ép.

207 **Demouchy.** La Bergère couronnée. — L'Amant dangereux. 3 pièces.

208 ***Dessins.*** Philémon et Baucis, attr. à Le Prince. — Rien de trop, fable de Lafontaine. — Sujet mythologique, signé Mouricault, 1787. — 2 dessins, figures de femmes, dont une d'après la Vénus du Titien. Ensemble 5 dessins à la sépia et à la pierre noire.

209 — Vignettes diverses à la sépia et à la pierre noire. 38 pièces.

210 — 22 croquis à la plume, d'après des statues antiques. — Et 20 photographies diverses. Ensemble 42 pièces.

211 — 140 calques, sujets mythologiques, la plupart d'après Girodet, pour les œuvres d'Homère et de Virgile.

212 **Devéria.** Sujets gracieux. 12 pièces lithogr. dont six coloriées.

213 — Réunion de 224 lithographies, sujets de genre.

214 **Earlom** (Richard). Collection de fac-simile de dessins de Cipriani. 34 pièces, très belles ép. en noir et en couleur, toutes marges.

215 ***Eaux-fortes*** et lithographies par et d'après Léop. Flameng, Decamps, de Lemud, etc. 29 pièces.

216 ***Ecole française.*** La perte irréparable. — La chambrière instruite. — L'instant de la gaiété. — La réflexion tardive. Suite de 4 pièces.

217 — L'abandon voluptueux. — La chute dangereuse. — Dors... Dors. — Memnon ou l'écueil du sage. — Offrande à Priape. — La réflexion tardive, etc. 18 pièces.

[illegible] 3.50

[illegible] 2

[illegible] 2.50

[illegible] 2

[illegible] [illegible]
[illegible] 2

[illegible] 1.50

[illegible] 2

[illegible] 2

Barsch 1.50

Barsch. 4 Brassen 5

Barsch 1.50

Barsch 4 Lini
[illegible]
Rkon

Barsch 8

Barsch 6

Barsch 5

Barsch 1

Barsch 3

218 ***Ecole française.*** Sujets divers, d'après Jeaurat, Desrais, Freudeberg, etc. 17 pièces en noir et coloriées.

219 — Sujets gracieux, d'après Huet, Boucher, Caresme, Cipriani, etc., en noir et en couleur. 49 pièces dont 3 dessins à l'aquarelle.

220 ***Gravures diverses***, d'après Rubens, Bouchardon, Trémollière, Watteau, Wouvermans, etc. 19 pièces.

221 — D'après Rembrandt, Loutherbourg, B. Picart, etc. 61 pièces.

222 — Architecture, ornements, fleurs, sujets de genre. 146 pièces.

223 — Sujets mythologiques par et d'après J. Romain, Carrache, Le Brun, Goltzius, Lemoine, Seb. Leclerc et autres. 107 pièces.

224 — Sujets mythologiques d'après les maîtres anciens et modernes. 75 pièces.

225 — Sujets mythologiques, gravés au trait d'après les tableaux et les statues. 210 pièces.

226 — Gravures modernes et lithographies en noir et coloriées. 17 pièces.

227 — Eaux-fortes et lithographies. 106 pièces.

228 **Huet** (J.-B.). La mort d'Adonis, gravure au trait, coloriée.

229 **Jeaurat**. L'Enfant et le Maître d'école, fable de Lafontaine. Belle ép. avant toutes lettres.

230 — La même estampe. Belle ép. avec la lettre.

231 — La Fortune et le Jeune Enfant. Belle ép. grandes marges.

232 — L'Huître et les Plaideurs. Belle ép. marges.

233 — Le Savetier et le Financier. Belle ép. marges.

234 — La même estampe. Belle ép.

235 — L'Amour et la Folie. — L'Astrologue qui se laisse tomber dans un puits. 2 pièces.

236 — La Fortune et le Jeune Enfant. — Le Savetier et le Financier. 2 pièces, belles ép.

237 **Jordaëns** et **Dietricy**. Le Satyre et le Villageois, gravées par Vosterman et Maleuvre. 2 pièces.

238 **Karel du Jardin**. Partie de l'œuvre de Karel du Jardin, Animaux et Paysages. 70 pièces, très belles ép. anciennes.

239 **Kauffman** (Angélica). L'Amour et les Grâces. 2 pièces rondes gr. par Scorodomoff; imp. sanguine.

240 **Lavreince**. Le Billet doux, par N. Delauney. Très belle ép.

241 **Leclerc** (S.). L'Homme entre deux âges, fable de Lafontaine, par Aubert. Belle ép.

242 — La même estampe. Belle ép.

243 **Levasseur**. Le Gland et la Citrouille, fable de Lafontaine, d'ap. Bertin. Belle ép.

244 ***Lithographies***, par Charlet, Isabey, Hersent, etc. 44 pièces, belles ép.

245 — Par Carle, Horace Vernet, Bellangé, etc. 24 pièces.

246 — Par Bonington, J. Dupré et autres. 57 pièces.

247 — Par V. Adam et Devéria. 260 pièces.

248 — Diverses. 70 pièces.

249 **Madou**. Salon d'exposition. — Courses aux traîneaux. 2 lithogr. coloriées. Rares.

250 ***Photographies***. Sujets mythologiques et sujets gracieux, la plupart du XVIIIe siècle. 381 sujets du format dit Cartes de visite.

251 ***Portraits***. Frédéric Guillaume II, par Duclos, d'après Moreau le jeune, in-4. Belle ép.

252 — de Pierre et Thomas Corneille, dans un entourage, gr. par Hopwood. 11 pièces à l'eau-forte pure, en nombre.

253 — de Mme de Graffigny, Le Sage, Buffon et Fléchier. 14 pièces à l'eau-forte pure, dont deux en nombre.

[illegible] 20 [illegible]

[illegible] 30 [illegible]

[illegible]

[illegible]

[illegible] 3

[illegible]

[illegible]

[illegible] 14

[illegible] 1

[illegible] 3.50

[illegible] 2

[illegible] 12.50

[illegible] 20

[illegible]

[illegible] 2

[illegible] 10

[illegible] 10

254 ***Portraits*** anglais et autres. 84 pièces dont un portrait de Visconti, à l'état d'eau-forte.

255 — lithographiés, par Maurin, Mauzaisse, Grévedon, Devéria, etc. 55 pièces in-fol. et in-4.

256 — Photographies, dites Portraits-cartes. Environ 906 portraits d'actrices de tous les théâtres de Paris, vers 1860 — et 239 portraits d'acteurs. Ensemble 1,145 pièces; beaucoup de ces portraits n'existent pas autrement.

257 — Portraits de Souverains français et étrangers, Ministres, Maréchaux, Écrivains, Peintres, Musiciens, etc., quelques stéréoscopes. Ensemble environ 1,543 portraits-cartes et 86 cartes fac-simile d'autographes.

258 **Potter** (Paul) et autres. Sujets d'animaux, gravés par Marc de Bye, B. Picart, etc. 56 pièces, très belles ép.

259 — Etudes d'animaux, par Marc de Bye, Van der Meulen, etc. 30 pièces, très belles ép.

260 — 800 Gravures sur bois, provenant de journaux illustrés, d'après Bertall, G. Doré, Staal, Janet Lange, etc. — 240 Sujets divers sur bois et sur cuivre. Ensemble 1,040 pièces.

261 — Réunion de 1103 Gravures sur bois, d'après G. Doré et les maîtres modernes. Sujets tirés de journaux français et anglais, etc.

262 — Un Portefeuille de 1m28 sur 0m89.

Ve Renou, Maulde et Cock, imprs de la Compagnie des Commissaires-Priseurs, rue de Rivoli, 144. 27987

www.ingramcontent.com/pod-product-compliance
Ingram Content Group UK Ltd.
Pitfield, Milton Keynes, MK11 3LW, UK
UKHW020431180726
13839UKWH00003B/1438

9 782329 541372